अंकप्रद

प्रेम संग्रह

प्रद्युमन कुमार दुबे

मैं, अपने जीवन की पहली पुस्तक के लिए अपने mataa पिता, सर्वशक्तिमान प्रभु तथा विशेषतः उस इंसान को धन्यवाद करता हूँ जिसकी वजह से मुझे यह पुस्तक लिखने का प्रोत्साहन मिला !

क्रम-सूची

भूमिका

प्रेम की इस दुनिया में, अनेक कवियों और लेखकों के बीच, कविता और लेखक दोनों का आज के दौर में यह पहला संखनाद है! यह पुस्तक मुख्यतः प्रेम की कविताओं का संग्रह है जिसका उद्देश्य प्रेम के सभी भावों को एक पुस्तक में समावेशित करना है!

कवि एक युवा है जोकि आज के युवाओं के मनोदशा को देखते हुए, उनसे प्रेरित होकर कविताएं लिख रहा है और उसका यह उद्देश्य है कि एक दिन वह इस पूरे संसार के सभी प्रेम भावों को अपने शब्दों में बांधना चाहता है !

1. मनाना नहीं आता

तुम्हारा फोन आए जब तो बस हूं हूं करके सुनना,
जब बाय बोलो तुम हमसे तो नई बातें कोई बुनना,
तुम कहती हो ना कि तुम भी जरा बोला करो कुछ कुछ,
जरा समझा करो जानम, हमें प्यारा तुम्हें सुनना,
तुम्हारी खिलखिलाती मुस्कुराहट जां हमारी है,
तुम्हारी हर अदा हमको बहुत ज्यादा ही प्यारी है,
तुम्हारे बिन हमारा जीना अब मुश्किल सा लगता है,
बता दो मम्मी से कि उनकी बेटी अब हमारी है,
हमारी जिंदगी का हर कदम अब है तुम्हारी ओर,
तेरी आवाज सुन लेता हूं चाहे कितना भी हो शोर,
जमाना कब कहां कभी किसी प्रेमी का साथी है,
पर हमें ना बांट पाएगा चाहे लगा ले जोर,
अब आंखें बंद करके भी मैं तुझको देख सकता हूं,
सभी के सामने तेरा ही मैं उल्लेख करता हूं,
बहुत कुछ कहना होता है बहुत कुछ सुनना होता है,
बहुत मुश्किल सा है कहना तभी आलेख लिखता हूं,
तुम्हारे साथ है जीना तुम्हारे साथ है मरना,
यह बाकी का है जो जीवन हमें अब संग है रहना,
मुश्किलों की बाढ़ आई तो भले ही क्या,
तुम्हारे साथ रह कर के उनसे आसान है लड़ना,
बड़ा पागल सा हूं शायद मनाना ही नहीं आता,
मोहब्बत तुमसे है मेरी जताना ही नहीं आता,

सुना है साथ हूं जब लोग दो, वादा हो जीवन का,
तो फिर उनको जुदा करने जमाना भी नहीं आता,
साथ है तो साथ में जीने नहीं आता,
दूरियों का दर्द भी पीने नहीं आता,
यूं तो कह देते हो कि रह लेंगे तेरे बिन,
चला जाए जो एक बार फिर मिलने नहीं आता।

2. पापा की पसंद

उसके घर की दीवार में जो ईंट की जगह खाली है,

बस उसी भरोसे देखूंगा उसे ये उम्मीदें पाली हैं,

छत पे टहलने आती है जब हुस्न परी वो शाम को,

मैं दौड़ा पहुंच जाता हूं छत पे छोड़ के सारे काम को,

उसे कह नहीं सकता बाते दिल की, देख के मन बहलाता हूं,

वो जहां जहां भी जाती है मैं पीछे पीछे जाता हूं,

जब सुबह सुबह वो नहा के अपने बालों को फटकारती है,

उसे पता नही वो मेरे दिल में कितने लहर उछालती है,

वो अपनी नशीली आंखों में जब तीखा सुरमा लगाती है,

उसे देख के मेरे तन मन में जैसे बिजली गिर जाती है,

उसके पायल की खन खन जैसे तानसेन का गीत हो,

उसकी नजरें जैसे मानो कह रही कि तुमसे प्रीत हो,

वो खिलते गुलाब जैसे उसके सुर्ख गुलामी नरम होंठ,

जब बोलती है वो उनसे तो लगती है सीधे दिल पे चोंट,

उसे देख के बस मन करता है कि लगातार देखता ही रहूं,

वो जो बोले बस सुनता रहूं, बस सुनता रहूं मैं कुछ ना कहूं,

मेरा दिल जैसे रेल की तरह धुक धुक धुक धुक करता है,

पर उसके पापा के चप्पल से मेरा दिल चुप चुप रहता है।

बस चंद दिनों का इंतजार फिर उसको अपना बना लूंगा,

जब उसके पापा की पसंद की नौकरी मैं कोई पा लूंगा।

3. मरीज-ए-इश्क

कुछ बातें या कई बातें,
कुछ पल या सारे दिन रातें,
यह रिश्ता कितना चल सकता था,
यह सब जहमत थी तेरे माथे।
कुछ छण का या जीवन का शोहबत,
कहीं कर तो ना दोगे हमें गुरबत,
गर छोड़ के हमको चले गए,
जाँ कर देंगे तुम पर कुरंबत।
मेरे इश्क पर तुमने तोहमत लगा दिया,
फकीरी हाल देख कर भी रहमत नहीं किया,
खुदा का शुक्र है कि आज भी जिंदा है हम,
पर तेरे बाद मैंने आज तक उल्फत नहीं किया।
हम तो दिल-ए-मरीज़ थे तीरे,
तेरे हुस्न की घटाओं से घिरे,
इलाज करवाने जो आ गए बीमारी के हज में,
तुम्हीं बताओ कहां मिलेंगे ऐसे सरफिरे।
तुझे पाने का तौफीक़ रखते थे हम,
तेरे सबसे करीब लगते थे हम,
तेरी मर्जी थी जो तूने राह बदल ली,
वरना मेरे रफीक़ तुझपे मरते थे हम।

4. मुश्किलें

मुश्किलों से डर ना राही मुश्किलें कट जाएंगी।
सूखे पेड़ों की डली पर कोपलें नयी आएंगी,
आज है मुश्किल बड़े दिन कब तलक यूं ही रहेंगे,
सूर्य की किरणें पड़ेगी ओस के बादल छटेंगे,
रुक ना जाना तू कहीं मेरे यार मेरी बात सुन,
गुनगुनाता तू चला जा गीत के कोई प्यारी धुन,
सुन के तेरी धुन को प्यारी पंक्षियाँ भी गाएंगी,
मुश्किलों से डर ना राही मुश्किलें कट जाएंगी।
रास्ता पथरीला होगा और कांटो से भरा
पर विजेता है वहीं जो हार से कभी ना डरा,
हार भी आए अगर अगर तो सीख लेके आयेगी,
मुश्किलों से डर ना राही मुश्किलें कट जाएंगी।
किसी और से नहीं है ये राही युद्ध ये खुदसे तेरा,
मंजिल मिलेगी एक दिन वादा रहा तुझसे मेरा,
सुन धूप जब भी आयेगी तो छाव लेके आयेगी,
मुश्किलों से डर ना राही, मुश्किलें कट जाएंगी।

5. हाथों में

मेरी रूह पुकारेगी तुमको जब सावन की बरसातों में,
तब एक बार तुम लिख लेना मेरा नाम तुम्हारे हाथों में।
जब तड़प उठेगा आसमान जब रोएंगे बादल नीले,
जब लौट के आऊंगा बनके मैं याद तुम्हारी यादों में,
तब एक बार तुम लिख लेना मेरा नाम तुम्हारे हाथों में।
जब बिखर जाएगा घर मेरा, जब उठ जाएगी अर्थी मेरी,
जब मेरे शहर की खबर कोई, पहुंचेगी तेरे अखबारों में,
तब एक बार तुम लिख लेना मेरा नाम तुम्हारे हाथों में।
जब गली कोई पूछेगी मेरी क्यों छोड़ दिया आना मुझमें,
क्यों भुल गए कि गुजारते थे हर वक़्त यहीं तुम बातों में,
तब एक बार तुम लिख लेना मेरा नाम तुम्हारे हाथों में।
जब कोशिश करोगे सोने की, तब बिस्तर याद आयेगा
मेरा,
जब नंगी आंखों से देखोगे सपनें मेरे तुम रातों में,
तब एक बार तुम लिख लेना मेरा नाम तुम्हारे हाथों में।
जब होगे तुम किसी मुश्किल में और साथ ही होगे अकेले
भी,
जब चाहिए होगा पकड़ने को मेरा हाथ तुम्हारे हाथों में,
तब एक बार तुम लिख लेना मेरा नाम तुम्हारे हाथों में।
मुझे ढूंढ़ना गर भी चाहोगे तो मुझको पा नहीं पाओगे,
हां देख के गर मन भर पाए तब देखना तुम मुझे तारों में,
बस एक बार तुम लिख लेना मेरा नाम तुम्हारे हाथों में।

6. कामयाब इश्क

तेरे सुर्ख गुलाबी होंठों को छूने का जी करता है,
तेरी गोदी में सर रख कर के सोने का जी करता है,
पूरी दुनिया घूमीं तब यह जान सका,
मेरे दिल को तेरे दिल में रहने का जी करता है!
कि तेरा छूना हुआ कि पानी शराब हो गया,
देखते ही देखते तू मेरी रातों का ख्वाब हो गया,
तेरे मोहल्ले में मेरे नाम के चर्चे हैं आज कल,
लगता है मेरा इश्क कामयाब हो गया!
मैं दोस्तों में अपने इश्क कि दास्तान बताता हूँ,
सब ये भी जानते हैं कि मैं तुझे कितना सताता हूँ,
तेरे संग बिताए पल याद आने लगते हैं,
मैं लौट कर जब भी तेरे शहर आता हूँ,
कोई ऐसी रात नहीं जब तेरी याद आई नहीं,
तेरे गोद जैसा सुकून दे ऐसी कोई चारपाई नहीं,
कुछ मजबूरीया हैं जो मैं तेरे पास नहीं,
दूर रहने का मतलब रुसवाई नहीं !!

7. ठंड की धूप

ठंड की धूप जैसी थी वो,
कभी कभी ही आती थी बस।
सुबह से शाम तक उसका इंतज़ार रहता था,
वैसे वो रोज़ दिखती नहीं थी, पर मैं घर की चौकठ के
पास खड़ा उसकी राह तकता था।
अगर कभी आ भी जाए तो तुरंत चली जाती थी,
पर जब भी आए तो दुबारा आने की उम्मीद जगा जाती
थी।
सारे कपड़े धूप में सूखने को तरस रहे हैं,
और मेरे नैन उसकी इंतज़ार में बिन मौसम बरस रहे हैं।
उसका इंतज़ार करना भी बड़ा जरूरी है,
ठंड में धूप का निकलना बड़ा जरूरी है।
अब एक झलक से काम चलने वाला नहीं है,
अबकी वो आयेगी तो उससे मिलना बड़ा जरूरी है।
एक और दिन लगता है यूहीं गुजर जाएगा,
ना धूप आयेगी और ना मेहबूब आएगा,
खैर हम आशिक़ हैं, इंतज़ार करते रहेंगे,
रोज़ सुबह हाथ में चाय लिए उसकी राह तकते रहेंगे
बस इसी उम्मीद में हम फिर चौकट तक आए हैं,
उसे देखने के खातिर टकटकी लगाए हैं।
कभी तो ऊपरवाले को मेरी आवाज़ सुनाई पड़ेगी , कभी तो
चमत्कार होगा,

कभी तो ये ओस के बाद छटेंगे और मेहबूब का दीदार होगा।

8. वों खुश रहें

वो कहते थे कि बड़े जरूरी हो तुम,
हम चले गए तो वो ऐसे बने कि जैसे अनजान हैं,
हमसे कहते कुछ और थे, बताते कुछ और थे,
हम घुल गए उनकी बातो मे जैसे मीठा पान है,
हम करते रहे इंतजार रो रो के उनका,
चाह कर भी निगल पाते नही अन्न का एक तिनका,
दिन बीत गए दो राते भी जा चुकी,
आंखे हमारे रो रो के फूल भी चुकी,
हम भूखे है फिर भी कुछ खा नही रहे,
हम चाह के भी उनको भूल पा नहीं रहे,
वो खुश हैं जैसे कुछ भी हुआ ही नहीं,
हम ठीक रहे ऐसी कोई दुआ ही नही,
हम खो के उनको ऐसे कुछ टूट गए हैं,
भगवान भी जैसे हमसे रूठ गए हैं,
रो रो के भीख मांगा था एक शख्स उनसे,
वो तो हमारा सब कुछ हमसे लूट गए हैं,
हम उनके गलती में भी खुद मनाते थे,
वो रूठ जाए तो हम सो न पाते थे,
गर बोल दिया हमने कि जा रहे हैं तो,
क्या रोक नही सकते थे वो डांट के हमको,
पर खैर ऐसा तब होता जब हम होते जरूरी,
पहले इश्क था अधूरा अब जिंदगी अधूरी,

वो जानते हैं कि हम बहुत रो रहे होंगे,
न जाने कैसे चैन से वो सो रहे होंगे,
ये रातें ये बिस्तर ये बनेंगी गवाह,
दिल से निकल रही है दर्द से एक आह,
हम इश्क कर बैठे सब भूल के उनसे,
हम प्यार में डूबे काले रंग में रंग जैसे,
हमने कोई कसर न छोड़ी प्यार में अपने,
वक्त दिया ख्याल किया सब दिया हमने,
हमने न कभी सोचा था की कुछ ऐसा भी होगा,
उन्होंने नही हमने ही खुद को दिया धोखा,
वो भागते रहे हम उन्हे चाहते रहे,
कुछ हमने सहे और कुछ उन्होंने भी सहे,
हम सोचते थे कि इश्क हमारा महान है,
हम मानते थे की हम भी उनके जान है,
हम दिन भर सोचते थे कि उनको खुश कैसे करें,
हम से अलग हैं खुश तो वो हमसे अलग रहें।

9. मना लो

इन तमाम मौसमों में होंठ सुख रहे हैं,
एक प्यार के चुम्बन से इसे भीगा दो ना।
वो जो हरे रंग की साड़ी पहनी थी उस दिन,
वो एक बार पहन के फिर दिखा दो ना।
मैं याद कर रहा हूं तुमको, मिलना है तुमसे,
एक बार मुझसे मिल के मुझे जगा दो ना,
मेरी सारी दिक्कत परेशानियां तुमसे दूर हो के हैं,
मेरे पास आकर सबको भगा दो ना।
मैं थक कर के आया हूं, भूख लगी है,
वो आलू की भुजिया बना दो ना,
मैं रूठा हूं तुमसे, पर जरूरत हो तुम मेरी,
यार एक बार तुम भी मुझे मना लो ना।

10. मोहब्बत

सभी को जो मिलती वफ़ा ए मोहब्बत,
तो मोहब्बत जहर है ये कहता ही कौन?
अगर खुश रहते जमाने में सब तो,
ये दर्द जुदाई के सहता ही कौन?
अगर गम न होता, न होती बेवफाई,
तो दुनिया होती शमशान, रहते सब मौन!

11. रिश्ता

ये प्रेम का रिश्ता भी बड़ा अजीब सा है,

इस प्रेम में क्या क्या होता है एक अनकहा किस्सा है,

जब मेरी कोई गलती हो तो वो मुझसे रूठा करती है,

मैं रोता हूं, पर फिर भी मैं उसे मनाया करता हूं,

वो कहती है कि चले जाओ पर मैं नहीं कभी भी जाता हूं,

थोड़ी सी मेहनत लगती है पर उसके मना ही लेता हूं,

वो जो मेरी जानेमन है, दिल की थोड़ी सी कच्ची है,

उमर में चाहे बड़ी हो मुझसे पर अकल से थोड़ी बच्ची है,

वो रह नहीं सकती है बिन मेरे, फोटो देख के मेरा रोएगी,

पर पगली इतनी भोली है कि मुझसे कुछ नहीं बोलेगी,

अब देखो ना जो रूठ गया मैं, गुस्सा में बहुत कुछ सुना दिया,

बिन सोचे समझे मैंने उसके चले जाओ भी बता दिया,

इतनी पागल है एक बार में उसने सच में मान लिया,

कि रह जाऊंगा उसके बिन उसने ये दिल में ठान लिया,

जबकि वो जानती है मुझको मैं प्रेम में कितना पागल हूं,

उससे दूर होकर के मैं बिन पानी का कोई नल हूं,

क्या वो मुझको नहीं मना सकती, इतना घमंड क्या ठीक है क्या,

वो भी रोए मैं भी रोऊं, आखिर ये कोई सिख है क्या,

मैं खुश ना होता साथ जो उसके तो फिर साथ में रहता क्यों,

उसको थोड़ा कुछ भी हो जाए इतना बैचेन में रहता क्यों,
मैं पूरी दुनिया भी घूम आऊं उसका सा मैं नहीं पाऊंगा,
वो दूर जो मुझसे हो जाए जीते जी मैं मर जाऊंगा।

12. नाव

ठहरे हुए पानी से उम्मीद क्या करें,
जिंदगी का मजा देती हैं समुंदर की वो लहरें।
कभी नाव मेरी नीचे कभी नाव चली ऊपर,
एक जंग चल रही है, मैं नाव वो समुंदर।
मैं डूबना भी चाहूं पर डूबना ना चाहूं,
मैं इस भवर में उलझा कि भूल गया क्या हूं।
वो मुझको खींचती हैं, कभी दूर फेंकती हैं,
जो बढ़ता हूं मैं आगे तो राह छेकती है।
उम्मीद है कि एक दिन पतवार चलेगी,
गिरेगी डूबेगी पर उस पार चलेगी।

13. अफसोस

चखा नही शराब का एक बूंद भी हमने
मगर मयखाने से निकल के हम भी सही चल नहीं पाए।
कि दिल टूटा हमारा भी है, इश्क, किस्मत, नौकरी से,
मगर ये अपना जख्म ए दर्द लेकर के हम कहां जाए।
वही माथे का चुम्बन, और वही बाहों का आलिंगन,
वो वादे साथ रहने का और बिताने का संग जीवन,
वो सिलवट बिस्तरों की, और वो मदमस्त सी आहें
जब भी देखते हैं उड़ते हुए पंछी के जोड़ों को,
हमें फिर याद आ जाती हैं मोहब्बत की वही राहें।
इश्क तो हमने भी उनसे बेइंतेहा किया,
मगर कमबख्त उनकी मांग में सिन्दूर भर नहीं पाए।

14. यादों का साथ

मुझमें बहुत ही क्रोध है, मैं हूं बहुत ही निकम्मा,
मैं लड़ता हूं हर बात पे मैं रोता हूं हरदम सदा,
पर जान मेरी सुनो तो एक बात कहता हूं अभी,
जो पूर्ण हो हर गुणों से उसे प्रेम करते हैं सभी,
तुम कहती हो की तुम भी मुझ से प्रेम करती हो,
पर मेरी कमियों की वजह से संग रह नहीं सकती हो,
फिर प्रेम कैसे ये हुआ गर दूर मुझसे जा रही,
मेरी जिंदगी की हर खुशी मुझसे अलग हो जा रही,
गर मेरी कमियों के ही संग तुम मुझको अपना मानती,
गर साथ तुम रहती तो मेरा दर्द शायद जानती,
तब गर्व करता मैं भी की मेरा प्रेम बिलकुल सच्चा था,
पर तेरा जाना सबूत है कि रिश्ता हमारा कच्चा था,
तुझे रोका मैंने बहुत ही कोशिश बहुत की जानेमन,
पर तेरी खुशी मेरी खुशी ही कह रहा था मेरा मन,
मेरा दिल बहुत ही रो रहा, आंखे थक चुकी हैं अब,
पर जाने वाला ठान ले तो रोक सकता हूं मैं कब,
तुझे जहां रहे तू खुश रहे मेरी तू चिंता कर नहीं,
ये जिंदगी काटने के लिए तेरा यादों का ही साथ सही।

15. मुलाकात

जब कभी मुलाकात होगी दुबारा, तो
आसमान से गिरे ओंस की बूंदों की तरह भीगा देना तुम
मेरे तन को,
अपने शराब सी नशीली आंखों में डूबा देना तुम मेरे मन
को।
मैं जो पगलो सा घूमता था पीछे तुम्हारे,
तुम जिसपर लुटा दिए मां बाप के सपने सारे,
मैं जो सांस भी तुम्हारे नाम का लेता था,
तुम जिसमे मेरा दिल विल सब रहता था,
मैं जो तुम्हे अपना मान चुका था
तुम जिसके लिए बहुत देर तक रुका था,
मैंने जो तुम्हे टूट कर चाहा था
तुम्हे न पाकर भी पाया था
उस एहसास का एहसास दिला देना तुम,
जब कभी मुलाकात होगी दुबारा।

16. जाम

मोहब्बत की स्याही से नया पैगाम लिखेंगे,
तेरी यादों की यादों में हम एक शाम रखेंगे,
बैठेंगे तेरी झूठी कसमों के साये में,
हाथों में पहली बार जब हम जाम रखेंगे।

17. नुमाइश

तुम मनाओगी नहीं मगर हम फिर भी रूठेंगे,
इश्क़ लफ्ज़ ही टूटा है जब तो दिल तो टूटेंगे,
आज जो गैर के लिए हमें ठुकरा रही हो तुम,
तुम्हारी मोहब्बत की नुमाइश में मजा फिर हम भी लूटेंगे।

18. कुर्बानी

उन्हें देख कर जीने लगे हैं हम,
जिन्हें देख कर मर रहे हैं कई।
इश्क़ किया है तो कुर्बानी से नहीं डरेंगे,
उनकी आशिकी में तो हमें मरना भी लगता है सही।

19. वो शख्स

राह आसान होती तो हर कोई राही होता,
ये सफल वो असफल तो फिर क्या ही होता?
अगर हम भी इश्क़ में मौत से डर जाते,
तो फिर हमारे साथ इतना खूबसूरत शख्स तो ना ही होता।

20. वो खुद राधा

उस काली जुल्फों वाली ने मेरा यह क्या हाल बना डाला,
वह खुद राधा सी लगती है और मैं बन गया बांसुरी वाला।
मैं उसका दर्शन पाने को भोर ही घर से निकलता हूं,
उसके आने से पहले ही मैं दौड़ के क्लास पहुंचता हूं।
मैं देर से उठने वाला लड़का, उसने सुबह उठा डाला,
वह खुद राधा सी लगती है और मैं बन गया बांसुरी वाला।
मुझ पर भी गोपियां मरती बहुत,
पर मैं राधे पर मरता हूं,
मैं हंसते खेलते सोते जागते राधे राधे कहता हूं।
मैं प्रेम को व्यर्थ समझता था उसने मुझे प्रेम सिखा डाला।
वह खुद राधा सी लगती है और मैं बन गया बांसुरी वाला।
मैं माधव सा सब काम छोड़कर राधा को ही तलाशता हूं,
मैं माधव से भी हाथ जोड़कर राधा को ही मांगता हूं।
मेरा माधव पर विश्वास न था उसने विश्वास जगा डाला,
वह खुद राधा सी लगती है और मैं बन गया बांसुरी वाला।
जैसे माधव को राधे दिखे हैं हर पौधे हर कण कण में,
वैसे ही मुझको दिखती है वह हर पल में हर क्षण क्षण में।
अब मेरे प्रेम की नईया का है खेवईया वह ऊपर वाला,
खुद राधा सी लगती है और मैं बन गया बांसुरी वाला।
वह भले राधा सी लगती है मैं भले श्याम सा बन गया हूं,
पर मुझे बिछड़न स्वीकार नहीं मैं उसके रंग में रंग गया
हूं।

अब तभी चैन आएगा मुझे जब पहनाऊंगा उसे वरमाला,
खुद राधा सी लगती है और मैं बन गया बांसुरी वाला।।

9 798888 975629 3